Für ..................................................

Von ..................................................

**Herzlichen Glückwunsch zum 60. Geburtstag!**

# 1961

## EIN GANZ BESONDERER JAHRGANG

Pattloch

Was für eine Zeit!

# 1961 – Ein besonderes Jahr

Dein Geburtsjahr beginnt vielversprechend, denn die Wirtschaft blüht und gedeiht, ohne dass ein Ende des Aufschwungs in Sicht wäre. Die Geburtenzahlen klettern auf ein neues Rekordniveau, wozu natürlich auch du beiträgst. An gleichaltrigen Spielgefährten wird also kein Mangel bestehen. Nicht nur für deine Eltern, deren Leben du auf den Kopf stellst, sind es aufregende Zeiten: In den USA tritt mit John F. Kennedy ein junger Demokrat das Amt des Präsidenten an, der die Bürgerrechtsbewegung unter Martin Luther King unterstützt und vielen als Hoffnungsträger gilt. Und nicht zuletzt werden dieses Jahr zum ersten Mal Menschen den Weltraum bereisen! Doch während die einen alte Grenzen überwinden, werden an anderer Stelle neue Barrieren gebaut. In Berlin beginnt am 13. August der Mauerbau. Die geteilte Stadt wird zur Manifestation des Eisernen Vorhangs. Aber das ist natürlich längst nicht alles, was das Jahr 1961 geprägt hat! Auf den nächsten Seiten kannst du dich auf einen Streifzug durch dein Geburtsjahr und deine ersten beiden Lebensjahrzehnte begeben. Welche Filme laufen im Kino, welche Mode ist en vogue, zu welcher Musik sammelst du deine ersten Erfahrungen? Viel Spaß bei dieser kleinen Zeitreise!

**Sorglos**

Hunger braucht man nicht leiden, denn für alles Lebensnotwendige ist gesorgt. Darüber hinaus kannst du mit einem charmanten Lächeln sicher manche Nascherei ergattern!

## Kinderreichtum

Im Bundesgebiet werden in diesem Jahr 1.012.507 Kinder geboren, in der DDR 300.318. Das ist in beiden Staaten ein neuer Rekord!

## Beliebte Vornamen 1961

Mädchen:
Susanne, Sabine, Petra, Birgit, Andrea

Jungen:
Thomas, Andreas, Michael, Frank, Peter

## Badespaß

Bist du wasserscheu oder freust du dich auf das Herumplantschen in der Badewanne? Letzteres wird deinen Eltern sicherlich lieber sein.

Wie eine gut geölte Maschine

# Wonnen des Wirtschaftswunders

Es herrscht Vollbeschäftigung! Die Wirtschaft scheint gar nicht mehr mit dem Wachsen aufhören zu wollen und so können sich auch die Arbeitnehmer über bessere Konditionen freuen. Die Gewerkschaften fordern Arbeitszeitverkürzungen und sie werden ihnen nach und nach gewährt. Bis alle Branchen die 40-Stunden-Woche eingeführt haben, wird es noch ein paar Jahre dauern, aber dass Familienväter den Samstag mit ihren Kindern statt im Büro verbringen können, ist gar nicht mehr so außergewöhnlich wie früher.

An den althergebrachten Geschlechterrollen ändert das erst einmal nicht allzu viel. In nahezu jeder Familie ist die Frau für Haushalt und Kindererziehung verantwortlich, während sich der Mann als Familienoberhaupt um Arbeit und Finanzen kümmert. In der BRD ist nur ein Drittel der Beschäftigten weiblich, die meisten davon sind unverheiratet. In der DDR sind Frauen zwar besser ins Arbeitsleben integriert, aber auch hier bleibt bei der Rollenverteilung im Privatleben vorerst alles beim Alten, sodass die Frau ein noch größeres Arbeitspensum zu bewältigen hat. Nach Feierabend holt sie die Kinder von der Krippe ab und besorgt den Haushalt.

### Allgegenwärtig

Im DDR-Alltag kann man den Walter-Ulbricht-Portraits kaum aus dem Weg gehen. Manchmal lauern sie sogar wie hier im Schaufenster eines Lebensmittelgeschäfts.

## Glückliche Hausfrauen

Geht es nach der Werbung, reicht schon ein gutes Feinwaschmittel, um deine Mutter vollauf zufriedenzustellen.

## Preise 1961

1 kg Roggenbrot: 0,84 DM
1 kg Zucker: 1,23 DM
1 kg Butter: 6,82 DM
1 kg Schweinekotelett: 6,85 DM
1 kg Bohnenkaffee: 17,44 DM
1 l Vollmilch: 0,44 DM
1 Ei: 0,21 DM

## Selbstbedienung

Das Konzept des Supermarkts setzt sich allmählich durch, in immer weniger Geschäften wird man noch von der Theke aus bedient.

Märchenhaft und kolossal

# Vorzügliche Unterhaltung

Obwohl das Fernsehen immer populärer wird, sind die Kinos gut besucht. Das Genre des Monumentalfilms erfreut sich weiterhin großer Beliebtheit, die Tage überlanger historischer Großproduktionen mit gigantischen Budgets und tausenden Statisten sind für den Moment noch nicht gezählt. So erscheint in diesem Jahr etwa „König der Könige", einer der ersten Farbfilme über das Leben Jesu. Kaum weniger populär sind Liebeskomödien, die häufig mit eingestreuten Gesangseinlagen begeistern. Das entspricht dann auch eher dem Kaliber der deutschen Produktionen, die nicht über die finanziellen Mittel Hollywoods verfügen.
In der DDR setzt die DEFA ihre berühmte Reihe von Märchenfilmen fort. Nicht alle davon basieren wie „Schneewittchen", das ab Oktober die ostdeutschen Kinobesucher verzaubert, auf den Geschichten der Gebrüder Grimm. Zum Anlass des 40. Jahrestages der Mongolischen Volksrepublik am 13. Juli dreht die DEFA gemeinsam mit Mongolfilm „Die Goldene Jurte" an Originalschauplätzen in der zentralasiatischen Steppe.

## Erfolgreiche Vierbeiner

Walt Disneys „101 Dalmatiner" kommt bei Kritikern und Kinogängern gut an. 1961 werden damit weltweit 85 Millionen Dollar eingespielt, ein gewaltiger kommerzieller Erfolg.

## Bis dass der Tod euch scheidet

„Scheidung auf Italienisch“ ist einer der ersten Filme der Commedia all'italiana. In der bitterbösen Satire versucht der Sizilianer Ferdinando, seine Frau loszuwerden. Dumm nur, dass Ehescheidung in Italien noch illegal ist ...

## Attraktive Außenseiter

Am 1. Februar wird die Filmkomödie „Misfits – Nicht gesellschaftsfähig“ uraufgeführt. Es ist Marilyn Monroes und Clark Gables letzter fertiggestellter Film, Gable erlebt nicht einmal mehr die Premiere.

Vorabend der Beatlemania

# Schlagerbegeisterung

Aus dem Radio oder Plattenspieler dringen dieser Tage vor allem Schlager und Rock 'n' Roll. Gerade Letzterer ist häufig Importware aus den USA, was von der SED-Führung nicht gerne gesehen wird. Der Rundfunk in der DDR hat sich daher nach einer strengen Quote von maximal 40 Prozent westlicher Tanz- und Unterhaltungsmusik zu richten. Die übrigen 60 Prozent müssen in der DDR oder den verbündeten sozialistischen Staaten entstanden sein. Aber auch im Westen zieht man in der Regel die deutschsprachigen Texte den englischen vor, weshalb eifrig Coverversionen angefertigt werden. Das erklärt, warum manche Lieder gleich doppelt und dreifach in der Hitparade auftauchen.

Doch Neues kündigt sich an, der Grundstein für die musikalische Revolution der 60er-Jahre ist bereits gelegt: Die Beatles erarbeiten sich mit Konzerten in kleinen Clubs langsam aber sicher eine treue Fangemeinde. Und am 17. Oktober begegnen sich die einstigen Schulfreunde Mick Jagger und Keith Richards zufällig am Bahnhof von Dartford. Aus ihrer gemeinsamen Liebe zum Rock 'n' Roll entsteht eine der langlebigsten musikalischen Partnerschaften aller Zeiten, der im nächsten Jahr die Rolling Stones entspringen werden.

### Verkaufsstark

Die Griechin Nana Mouskouri ist weltweit äußerst erfolgreich. In Deutschland wird ihr Schlager „Weiße Rosen aus Athen" zum Nummer-1-Hit.

### Kalifornische Klänge

Im November erscheint mit „Surfin'" die erste Single der Beach Boys. Es ist die Geburtsstunde des „California Sound", des optimistischen Surfer-Poprocks.

## Nummer-1-Hits in Deutschland 1961

Lale Andersen / Caterina Valente / Melina Mercouri: **Ein Schiff wird kommen**

Blue Diamonds: **Ramona**

Ralf Bendix / Buzz Clifford: **Babysitter-Boogie**

Trio Kolenka: **Vier Schimmel, ein Wagen**

Billy Vaughn / The String-A-Longs: **Wheels**

Freddy Quinn: **La Paloma**

Gus Backus: **Der Mann im Mond**

Nana Mouskouri: **Weiße Rosen aus Athen**

### Beste Freunde

Als Teil des „Rat Packs" sorgen Dean Martin, Frank Sinatra und Sammy Davis Jr. regelmäßig für Furore. Sinatras Tochter Nancy kann von der Medienpräsenz ihres Vaters profitieren und veröffentlicht in diesem Jahr ihre erste Single.

Neue Marken

# Zaghafte Neuerungen

Bei dir ist momentan in modischer Hinsicht noch das Wichtigste, dass die Windel richtig sitzt. Deine Eltern müssen sich da schon mehr Gedanken machen. Wobei deinem Vater die sozialen Konventionen durchaus Grenzen setzen: Egal, ob jung oder alt, arm oder reich, der Anzug gilt nach wie vor als das Nonplusultra der Männermode. Lediglich einige halbstarke Rebellen widersetzen sich diesem modischen Gebot. Ansonsten kann man allenfalls durch die Wahl der Schuhe ein wenig Individualismus ins Outfit bringen.

Bei den Damen sieht es da ein klein bisschen anders aus. Obwohl weiterhin gedeckte Farben und schlanke Silhouetten en vogue sind, schleicht sich ein Hauch von Lässigkeit ein. Die Taille der Kleider rutscht zur Hüfte hinunter und zuweilen gibt es auch mal etwas ausgefallenere Muster oder Materialkombinationen zu bewundern. In Paris findet 1961 eine historische Neugründung statt: Stardesigner Yves Saint Laurent, der im Vorjahr aufgrund seiner Drogenabhängigkeit bei Dior entlassen wurde, startet mit der eingeklagten Entschädigungssumme ein eigenes, nach ihm benanntes Modehaus.

### Wadenfrei in den Winter

Auch in der Herbst-/Winterkollektion bleiben Mäntel und Kostüme einfarbig und knielang. Einzig die Kombination von Lederjacke und Karorock ist ein bisschen gewagter.

## Aus einem Guss

So aus dem Ei gepellt wird sich deine Mutter im Moment selten präsentieren können. Insbesondere weiße Handschuhe bleiben im Umgang mit einem Kleinkind nicht lange weiß.

## Straßenchic

Während bei den Damen im Sommer kurze Ärmel und knielange Kleider oder Röcke praktisch Standard sind, verzichten nur wenige Herren auf den Anzug.

## Selbstständig

Zusammen mit seinem Geschäfts- und Lebenspartner Pierre Bergé geht Yves Saint Laurent ab 1961 eigene Wege. Der Erfolg lässt nicht lange auf sich warten.

Wettlauf ins All

# Hoch hinaus

Auf zu neuen Welten! Die Utopie von der bemannten Raumfahrt wird in diesem Jahr Realität. Schon seit einigen Jahren liefern sich die Weltraumagenturen in Ost und West ein regelrechtes Wettrennen ins All. 1961 sichert sich die Sowjetunion einen kleinen, aber prestigeträchtigen Vorsprung gegenüber der NASA und schickt am 12. April den Piloten Juri Gagarin ins All. Als erster Mensch im Weltraum umrundet er die Erde und kommt wohlbehalten wieder nach Hause zurück – ein phänomenaler Erfolg.
Während die einen Forscher in Lichtjahren messen und über den Ursprung des Alls spekulieren, konzentrieren sich die anderen auf den Kern allen Lebens auf mikrobiologischer Ebene. In den USA identifiziert der deutsche Biochemiker Heinrich Matthaei im Mai erstmals einen Teil des genetischen Codes. In den folgenden fünf Jahren gelingt die vollständige Entschlüsselung aller 64 Basentripletts, was die Genetik revolutioniert.

## Strom der Zukunft?

Das Atomzeitalter ist angebrochen: In Kahl am Main speist am 17. Juli das erste deutsche Kernkraftwerk Strom in das öffentliche Stromnetz.

## Zweiter Platz

Das US-Raumschiff „Freedom 7" mit Alan Shepards an Bord hebt am 5. Mai ab. Shepard ist damit der zweite Mensch im All. Zehn Jahre später wird er außerdem der fünfte Mensch auf dem Mond sein.

## Weißt du's?

Was ist das Besondere an der sogenannten Zar-Bombe, die zu Testzwecken am 30. Oktober auf Nowaja Semlja gezündet wird?

Antwort:
Es ist die größte jemals von Menschen verursachte Explosion.

## Weniger ist mehr

# Rationale Eleganz

Es regiert der Pragmatismus. Die neuen Wohnungen, die allerorts entstehen, um dem raschen Anwachsen der Bevölkerung Rechnung zu tragen, sind hell und vollständig durchrationalisiert – kein Quadratzentimeter Platz wird verschenkt. Das bedeutet, langsam Abschied zu nehmen von den wuchtigen Massivholzmöbeln, die in den frühen 50er-Jahren noch der Renner waren. Stattdessen ist zierliche Eleganz gefragt und Designer wie der Däne Arne Jacobsen befriedigen diese Nachfrage mit funktionalistischen, organisch wirkenden Entwürfen.

Die Küche verändert sich von allen Räumen wohl am meisten: Anstelle einer geräumigen Wohnküche wird jetzt meistens eine knapp bemessene und nüchtern gestaltete Kochwerkstatt einbaut. Kühlschrank und Elektroherd werden Standard. Überhaupt breitet sich Technik im Eigenheim aus. Zentralheizung, Staubsauger und Plattenspieler sind keine Luxusartikel für Superreiche mehr. Selbst der Fernseher findet seinen Weg in immer mehr Wohnzimmer, in denen fortan sämtliche Sitzmöbel auf die Flimmerkiste ausgerichtet sind.

**Trautes Heim**

Auch kleinere Räume können sich mit der richtigen Möbelwahl durchaus sehen lassen.

## Resopal-Palast

Die Einbauküche ist kein neues Konzept, setzt sich jetzt aber endlich durch. Vereinfachte Arbeitsprozesse und elektrische Küchenhelfer erleichtern das Hausfrauenleben.

## Farbtupfer im Wohnzimmer

Das Versandhaus Leipzig preist in seinen Katalogen diese stilvollen Sofas und Sessel in frischen Farben an.

Mehr Raum für den Alltag

# Literatur der Arbeitswelt

„Ankunftsliteratur" heißt das große neue Schlagwort für DDR-Schriftsteller. Sie sollen gemäß dem sogenannten Bitterfelder Weg die Betriebe aufsuchen und die Situation der Arbeiter in ihr Schreiben einfließen lassen. Auch die Arbeiter selbst sollen zur Feder greifen, was vor allem in Form von Tagebüchern geschieht.
Im Westen wird ebenfalls eine stärkere Beschäftigung der Literaturwelt mit den sozialen Belangen der Arbeiterschicht gefordert. In Dortmund gründet sich zu diesem Zweck am 31. März der „Arbeitskreis für künstlerische Auseinandersetzung mit der industriellen Arbeitswelt". Der etwas sperrige Titel wird wenig später zu „Dortmunder Gruppe 61" abgeändert. Zu den Gründungsmitgliedern gehören neben diversen Schriftstellern wie Max von der Grün der Gewerkschafter Walter Köpping und der auf Arbeiterliteratur spezialisierte Bibliotheksdirektor Fritz Hüser.

## Dramatiker

Max Frisch zählt dank des Erfolgs von „Biedermann und die Brandstifter" bereits zu den gefragtesten deutschsprachigen Theaterautoren, als er 1961 sein Drama „Andorra" fertigstellt.

## Schreibarbeit

Im April beraten sich Arbeiter und Autoren beim 5. Deutschen Schriftstellerkongress im erzgebirgischen Aue. Brigitte Reimanns Kurzroman „Ankunft im Alltag" gibt der Ankunftsliteratur ihren Namen.

Wer jetzt noch Geburtstag hat

# Prominente 61er

**24. Januar**
Nastassja Kinski
deutsche Schauspielerin

**21. März**
Lothar Matthäus
deutscher Fußballer

**6. Mai**
George Clooney
US-amerikanischer Schcuspieler

**14. Mai**
Ulrike Folkerts
deutsche Schauspielerin

**17. Mai**
Enya
irische Musikerin

**4. August**
Barack Obama
ehemaliger US-Präsident

Zugpferd auf vier Rädern

# Abgesichert

Das Auto bleibt das Herzstück des deutschen Wirtschaftswunders. In der BRD werden dieses Jahr fast zwei Millionen Fahrzeuge hergestellt, das macht so schnell kein anderes Land in Europa nach! Japan kurbelt seine Produktion allerdings kräftig an und droht allmählich aufzuholen. Der stärkste Dämpfer für die bundesdeutsche Autoeuphorie ist indes der Konkurs der Bremer Borgward-Werke. Unternehmensgründer Carl Friedrich Wilhelm Borgward ist zwar ein passionierter Tüftler, aber kein guter Geschäftsmann – das wird seiner Firma trotz hoher Verkaufszahlen nun zum Verhängnis.

Auch auf den Straßen ändert sich so manches. Durch das erhöhte Verkehrsaufkommen sind strengere Sicherheitsvorkehrungen notwendig. Wer noch keinen Blinker hat, muss nachrüsten, und auch die Tage der „Selbstmördertür" sind gezählt. Bei dieser ist der Türanschlag nicht vorne, sondern hinten, was beim Öffnen während der Fahrt dazu führt, dass die Tür nicht vom Wind zugedrückt, sondern gefährlich weit aufgerissen wird. Für begeisterte Schnellfahrer sind die mobilen Radarfallen, die jetzt immer häufiger zum Einsatz kommen, aber eigentlich fast am schlimmsten. Wenigstens muss man sich noch nicht anschnallen ...

### Abschied

Auch wenn sie durch den Konkurs des Unternehmens ihren Arbeitsplatz verlieren, können sich die Borgward-Mitarbeiter über gute Anstellungschancen in der boomenden Industrie freuen.

## Besitzerstolz

Im Vorjahr hat die Volkswagen AG das neue Käfer-Modell vorgestellt. Das ist nicht nur schneller, sondern hat jetzt sogar standardmäßig Blinker eingebaut!

## Weißt du's?

Was zeichnet den Borgward Kolibri aus?

Antwort:
Es ist kein Auto, sondern ein Helikopter.

## Sparfuchs

Auch Zweiräder, insbesondere Motorroller, sind nach wie vor äußerst beliebt. Wer nicht gleich eine ganze Familie transportieren muss, greift lieber auf die kostengünstige Alternative zum Auto zurück.

# 1961

## Invasion

Am 17. April versuchen 1300 Exilkubaner mit Hilfe der CIA vergeblich, in der Schweinebucht auf Kuba Fuß zu fassen und eine Konterrevolution gegen Fidel Castro auszulösen. Die Beteiligung der US-Regierung führt zu einer politischen Krise.

## Bergung

Am 24. April wird die 1628 auf ihrer Jungfernfahrt gesunkene schwedische Galeone Vasa aus der Bucht von Stockholm geborgen. Das reich verzierte Holzwrack hat die Jahrhunderte unter Wasser in beispiellos gutem Zustand überdauert. Heute ist es im Vasa-Museum zu bewundern.

# WAS SONST NOCH GESCHAH

## Familienplanung

Seit dem 1. Juni ist die Antibabypille auch in der Bundesrepublik erhältlich. Die meisten Ärzte verschreiben sie, wenn überhaupt, aber nur verheirateten Frauen über 30 mit mehreren Kindern. Wirklich populär wird „die Pille" erst um 1970.

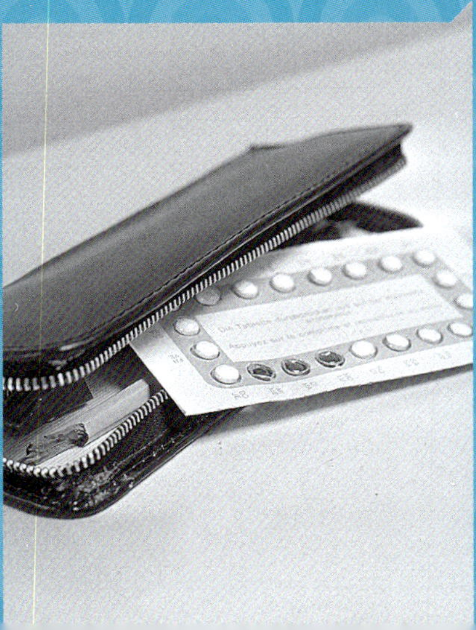

## Erneuerung

Mit der Konstitution „Humanae salutis" beruft Papst Johannes XXIII. am 25. Dezember das Zweite Vatikanische Konzil ein mit dem Ziel, die katholische Kirche zu reformieren.

Dein erstes Jahrzehnt

# Behütetes Aufwachsen

Zumindest in materieller Hinsicht ist dir eine sorgenfreie Kindheit beschieden. Auch wenn das phänomenale Wirtschaftswachstum der Nachkriegszeit langsam abflaut, geht es den meisten Familien recht gut. In der BRD verbringt die Mehrheit der Kinder ihre ersten Lebensjahre noch zu Hause, das Betreuungsangebot ist eher mäßig ausgebaut. In der DDR, wo häufig beide Elternteile arbeiten gehen, stehen deutlich mehr Kita-Plätze zur Verfügung. Für die Kleinen ist es freilich Nebensache, ob sie ihre Eltern und großen Geschwister oder das professionelle Erziehungspersonal auf Trab halten. Hauptsache, es gibt genügend Gelegenheiten zum Spielen.
Das wohlige Leben ohne Verpflichtungen endet leider früh genug mit der Einschulung. Statt nach Herzenslust mit Puppen, Hula-Hoops oder Bauklötzen zu spielen, musst du jetzt dem Unterricht folgen – und das in der Regel sechs Tage die Woche. Bleibt nur zu hoffen, dass man tatsächlich für das Leben und nicht für die Schule lernt …

### Abenteuer Schule

Mit einer prall gefüllten Schultüte gewappnet beginnst du deinen neuen Lebensabschnitt. Mit Sicherheit erwarten dich nicht nur Hausaufgaben, sondern auch gute Freunde!

## Spielenachmittag

Bei Regenwetter lädst du ein paar Freunde zu dir ein, um bei einem Brettspiel auf sonnigere Zeiten zu warten. Aber nicht schummeln!

## Sicherheitsvorkehrungen

Da auf den Straßen von Jahr zu Jahr mehr Autos unterwegs sind, wird eine umfassende Verkehrserziehung schon für Kinder nötig.

Talkin' 'bout my generation

# Musikalischer Schmelztiegel

In deiner Kindheit verändert sich die Musikwelt radikal. Alles beginnt mit der „British Invasion", mit englischen Beatbands wie den Beatles und den Rolling Stones, die Mitte der 60er-Jahre international und besonders in den USA große Erfolge feiern. Schnell finden sich unzählige Nachahmer, manche stärker vom Blues beeinflusst, andere vom Rock 'n' Roll oder Folk. Die moderne Rockmusik entsteht. Unter dem Einfluss bewusstseinserweiternder Substanzen erhält sie zuweilen einen reichlich psychedelischen Einschlag. Andere ziehen härtere Klänge vor und experimentieren mit verzerrten E-Gitarren und arg malträtierten Schlagzeugen. Es beginnt auch die Ära der Massenfestivals. Eines davon erfährt dank eines Dokumentarfilms besonders große Aufmerksamkeit: Woodstock 1969. Nach dem Sommer der Liebe ist der Rock nicht länger nur etwas für Hippies, Beatniks, Biker und andere Subkulturen, sondern endgültig im Mainstream angekommen. Das kann dir nur recht sein, denn nun gibt es die Stars auch im Radio zu hören und du musst nicht mehr deine älteren Geschwister anflehen, die entsprechenden Platten aufzulegen.

## Liedermacher

Wolf Biermann kritisiert in seiner Musik oftmals die SED-Führung. 1965 wird ihm deswegen ein Auftrittsverbot in der DDR erteilt.

## All You Need is Love

Die Beatles verkörpern wie kaum eine andere Band die rasanten Veränderungen in der Musikbranche. Sie fangen als biedere Anzugträger an, werden schnell zu Hippies – und reden 1970 nicht einmal mehr miteinander.

## Europäisches Woodstock

Das englische Isle of Wight Festival zieht 1970 sogar noch mehr Besucher an als Woodstock im Vorjahr. Zu hören gibt es unter anderem The Who, Joan Baez und Jimi Hendrix.

## Supergroup

Eric Clapton, Jack Bruce und Ginger Baker gründen 1966 die Band Cream. Da alle drei zu diesem Zeitpunkt bereits etablierte Künstler sind, spricht man auch von der ersten Supergroup.

Viereckige Augen

# Jetzt auch in Farbe

Das Fernsehzeitalter ist da! Zwar gibt es schon seit 1952 ein regelmäßiges Fernsehprogramm in der BRD – ähnlich auch in der DDR –, aber bei nur einigen hundert Empfangsgeräten im Land konnte man damals kaum von einem Massenphänomen sprechen. Jetzt sind es aber schon einige Millionen Zuschauer und das Programm wird immer abwechslungsreicher. Für beinahe jeden Geschmack ist etwas geboten, sogar eigene Sendungen für Kinder wie die „Augsburger Puppenkiste" oder „(Unser) Sandmännchen" gibt es jetzt. Am 1. April 1963 sorgt das ZDF als komplett neuer Sender für zusätzliche Programmvielfalt. Und es kommt noch besser: Ab 1967 gibt es das alles sogar in Farbe! Zu schade, dass die Sendezeit nur von 17 bis 23 Uhr geht. Und meistens ist der Spaß für dich schon um 20 Uhr mit Beginn der Tagesschau vorbei. Denn danach beginnt der Krimi- und Thrillerabend deiner Eltern, zunächst mit importierten Serien wie „Mit Schirm, Charme und Melone" oder „Solo für O.N.C.E.L.", aber ab 1970 auch mit dem deutschen „Tatort".

## Startschuss

Vizekanzler Willy Brandt drückt am 25. August 1967 den Startknopf für das Farbfernsehen. In diesem Jahr gibt es in der BRD schon 14 Millionen Fernsehteilnehmer. Farbfernseher besitzen allerdings nur die wenigsten, die Geräte kosten noch ein Vermögen. In der DDR wird ab 1969 in Farbe gesendet.

## Das MTV der 60er-Jahre

Von 1961 bis 1969 moderiert der Brite Chris Howland für den NDR die Schlagersendung „Musik aus Studio B". Nach Howlands Ausscheiden aufgrund personeller Differenzen sinkt die Beliebtheit der Show rasch.

## Weißt du's?

Welches markante Merkmal besitzt der Löwe Clarence in der Serie „Daktari"?

Antwort:
Er schielt.

## Männerhaushalt

431 Episoden der Cowboy-Serie „Bonanza" berichten von 1959 bis 1973 aus dem Leben der kernigen Cartwright-Familie.

# 1962–71

## Martin Luther King

Der Bürgerrechtler und Baptistenpastor Martin Luther King setzt sich ab Mitte der 50er-Jahre bis zu seinem Tod 1968 für soziale Gerechtigkeit und für die Auflösung der Rassentrennung in den USA ein. Am bekanntesten ist seine Rede „I have a dream", die er bei einer friedlichen Demonstration am 28. August 1963 in Washington D.C. vor über 250.000 Menschen hält.

## Zerstörungswut

1966 ruft der Vorsitzende der Kommunistischen Partei der Volksrepublik China, Mao Zedong, die Kulturrevolution aus. Kapitalistische, bürgerliche und traditionalistische Elemente der Gesellschaft sollen beseitigt werden. Den Verfolgungen und Zerstörungen der kommenden zehn Jahre fallen Millionen Menschen zum Opfer, wertvolle Kulturdenkmäler werden vernichtet.

## Kommune I

Am Neujahrstag 1967 gründen Fritz Teufel und acht Kommunarden die bekannteste, politisch motivierte Wohngemeinschaft der BRD. Als außerparlamentarische Opposition wollen sie nichts Geringeres als die „Revolutionierung des Alltags": Autoritäre Kindererziehung, Monogamie und Privatsphäre sollen überwunden werden. Später werden Rainer Langhans und das bekannte Model Uschi Obermaier Teil der Kommune I.

## Kinderstar

Conny Froboess wird Anfang der 50er-Jahre mit dem Schlager „Pack die Badehose ein" bekannt. Nach einigen weiteren musikalischen Erfolgen macht sie ab den 60er-Jahren hauptsächlich als Schauspielerin von sich reden. Als Filmpartnerin von Peter Kraus und Rex Gildo wird Conny Froboess zum perfekten Teenager stilisiert.

# WAS WAR LOS IN DEINER KINDHEIT

## Studentenführer

Am 11. April 1968 wird Rudi Dutschke, einer der führenden Köpfe der Studentenbewegung, vor dem Büro des Sozialistischen Deutschen Studentenbundes angeschossen und schwer verletzt. Dem Attentat folgt die Empörung vieler Studenten, die ihrer Wut mit Anschlägen auf den Axel-Springer-Verlag Luft machen. Dieser hatte zuvor dazu aufgerufen, die demonstrierenden Studenten, allen voran Rudi Dutschke, zu stoppen.

## Friedensbotschafterin

Joan Baez ist seit den 60er-Jahren in der Friedensbewegung aktiv. Die Liedermacherin engagiert sich bei Demos gegen den Vietnamkrieg, ruft zur Abrüstung auf und tritt für die Aufhebung der Rassentrennung in den USA ein. Besonders bekannt werden ihre gemeinsamen Auftritte mit dem Musikerkollegen Bob Dylan.

## Entspannungspolitik

Die Regierung Brandt setzt bei ihrer Ostpolitik auf eine Verbesserung der Beziehungen zu den Staaten des Warschauer Pakts. Um der polnischen Bevölkerung Respekt zu erweisen, fällt der Bundeskanzler 1970 in einer aufsehenerregenden Geste vor dem Ehrenmal des Warschauer Ghettoaufstandes auf die Knie.

## Aufbruch und Rebellion

Bei einer Demonstration gegen den Besuch des persischen Schahs in Deutschland wird am 2. Juni 1967 der Student Benno Ohnesorg von einem Polizisten erschossen. Das Ereignis trägt zur Radikalisierung der Studentenschaft und außerparlamentarischen Opposition bei und prägt eine ganze Generation politisch.

Du wirst erwachsen

# Keine Lust auf Krise

Vom Wirtschaftswunder kann man schon länger nicht mehr wirklich sprechen, jetzt ist es vorbei mit dem Leben in Saus und Braus. Ende 1973 drosselt die Organisation der arabischen erdölexportierenden Staaten die Ölzufuhr, um Druck auf Israels westliche Verbündete auszuüben. Es ist nur die erste von zwei Ölpreiskrisen in den 70er-Jahren und die Wirtschaft ist schwer getroffen. Wo vor wenigen Jahren noch Vollbeschäftigung herrschte, werden jetzt Stellen abgebaut. Schlechtes Timing, denn gerade jetzt beginnen die geburtenstarken Babyboomer-Jahrgänge auf den Arbeitsmarkt zu drängen …

Aber Arbeitslosigkeit, RAF-Terror und aufkommende Umweltdebatte hin oder her, als Jugendlicher versteht man es auch in Zeiten der Krise, Spaß zu haben. Für dich bricht jetzt eine neue Zeit an, in der du lernst, dich von deinen Eltern unabhängig zu machen. Das bedeutet erste Liebe, erster Kuss, Schulabschluss und Start ins Leben – mit allem, was dazu gehört.

**Schlechte Aussichten**
Gerade für Jugendliche ist der Einstieg in den Arbeitsmarkt alles andere als ein Zuckerschlecken. Die Frustration ist da verständlicherweise groß.

## Born to be wild

Ist das Wetter schön, gibt es kaum etwas Besseres als eine Spritztour mit dem besten Freund.

## Lehrreich

Die Schule ist natürlich ein wichtiger Bestandteil deiner Jugend. Ob du immer nur die besten Erinnerungen daran hast, ist eine andere Frage.

## Blauhemd

In der DDR ist die FDJ die einzige staatlich anerkannte Jugendorganisation, rund 80 Prozent der ostdeutschen Jugendlichen gehören ihr an. Die Mitgliedschaft ist zwar freiwillig, aber Nichtmitglieder drohen negativ aufzufallen.

Der Soundtrack deiner Jugend

# Discofieber

Die Musikwelt wird immer facettenreicher. Ältere Genres verschwinden nicht einfach, sondern entwickeln sich weiter und verschmelzen miteinander. So entsteht aus dem Funk der späten 60er-Jahre Mitte der 70er-Jahre die Discomusik. Elektronische Klänge werden immer präsenter. Die Musik ist vor allem zum Tanzen da und weil in den vollen Discos der Platz nicht immer für raumgreifende Bewegungen ausreicht, erfindet man kurzerhand den Discofox, bei dem man auch wunderbar an Ort und Stelle bleiben kann und sich trotzdem angenehm nahekommt.
Wem der musikalische Mainstream zu zahm ist, der kann sich auch ganz einer der neuen, harten Spielarten des Rock widmen, die insbesondere in Großbritannien Fuß fassen: Hardrock, Punk und Heavy Metal. Die jungen Wilden wissen das Establishment zu provozieren, weshalb auch bald schwere Vorwürfe im Raum stehen: Die neue Musik soll gesellschaftszersetzend wirken, manche Texte gar satanistische Inhalte vermitteln. Wie immer, wenn die Jugend Kritik durch die älteren Generationen ausgesetzt ist, lacht sie über deren Behauptungen und lässt es aus Trotz erst so richtig krachen.

**Subkultur**
Anhänger des Punks sind dank ausgefallener Haartracht und Klamotten meistens recht leicht zu identifizieren.

## Schlagzeug und Schlaghosen

„Wir" ist neben „Kreis" die wahrscheinlich beliebteste DDR-Band der 70er-Jahre. Mit der Zeit wird ihre poppige Discomusik rocklastiger.

## Schwedische Superstars

Kaum eine andere Musikgruppe kann sich dieser Tage über einen solchen Erfolg wie ABBA freuen. Überall wird zu „Dancing Queen" oder „Waterloo" das Tanzbein geschwungen.

New Hollywood

# Kino in der Krise

Schlechte Zeiten für das Kino, gute für den Film? Seit den 50er-Jahren hat sich das Fernsehprogramm qualitativ wie auch quantitativ massiv gesteigert. In der Folge bleiben viele lieber zu Hause vor dem Flimmerkasten sitzen, statt ihr Geld in Kinokarten zu investieren. Für die Filmstudios macht das ein Umdenken erforderlich. Große Stars und üppige Kulissen allein reichen nicht mehr aus, um das Publikum zu begeistern. Tatsächlich werden oft nur noch geringe Budgets zur Verfügung gestellt. Die Filme schrumpfen daher im Maßstab. Vor dem Hintergrund von Wirtschaftskrisen und Vietnamkrieg dominieren ernste Themen und ein düsterer Ton, etwa wenn Marlon Brando und Al Pacino 1972 in „Der Pate" Strippenzieher des organisierten Verbrechens mimen oder der messerschwingende Maskenträger Michael Myers „Halloween" 1978 zur Nacht des Grauens macht.
Ende der 70er-Jahre wird der Sparkurs zumindest für die großen Studios wieder obsolet. Hollywood entdeckt das Konzept des Blockbusters und George Lucas macht mit „Star Wars" vor, wie man eine Filmreihe auch außerhalb des Kinos mit Fanartikeln jeglicher Art nahezu grenzenlos weitervermarkten kann.

**Überleben!**
John Carpenters „Halloween" zählt zu den Urgesteinen des heiß diskutierten Slasher-Genres. „Final Girl" Jamie Lee Curtis bekommt zwar nur 8.000 Dollar Gage, erlebt nun aber ihren Durchbruch.

## Dschungelhölle

Francis Ford Coppolas „Apocalypse Now" beruht neben Berichten über den Vietnamkrieg auf Joseph Conrads Erzählung „Herz der Finsternis" – entsprechend düster ist das Ergebnis.

## Weißt du's?

Welches Theaterstück sollen die liebestollen Jugendlichen im DEFA-Film „Sieben Sommersprossen" aufführen?

Antwort:
Romeo und Julia

## „Angst essen Seele auf"

Rainer Werner Fassbinders Drama widmet sich der Liebesgeschichte um eine 60-jährige Deutsche und einen deutlich jüngeren marokkanischen Gastarbeiter, denen die Ablehnung ihrer Mitmenschen entgegenschlägt.

## Jäger des verlorenen Schatzes

Archäologie war selten so cool wie bei „Indiana Jones" (1981)! Neben Han Solo in der „Star-Wars"-Reihe ist es Harrison Fords bekannteste Rolle.

# 1972–81

## 1972 OLYMPISCHE SOMMERSPIELE

Im Sommer finden die Olympischen Spiele in München statt. Die Spiele präsentieren die BRD als moderne und weltoffene Nation. Das Ereignis wird von einer Tragödie überschattet: Bei einer Geiselnahme durch palästinensische Terroristen werden elf israelische Sportler ermordet.

## 1973 AUTOFREIER SAMSTAG

Aufgrund des Jom-Kippur-Krieges zwischen Israel und den arabischen Ländern schießt der Ölpreis international in die Höhe. Die Ölkrise führt nicht nur kurzfristig zu Ölknappheit, sondern provoziert auch die erste Wirtschaftskrise der Nachkriegszeit.

## 1974 WELTMEISTER

Deutschland im Fußballfieber: 1974 kommt die Fußball-WM in die BRD. In einem hitzigen Finale gegen die Niederlande kann Torschützenkönig Gerd Müller das Turnier für die westdeutsche Elf entscheiden.

## 1975 DO THE TIME WARP

Die „Rocky Horror Picture Show" kommt ins Kino. Zunächst ein grandioser Flop an der Kinokasse, gewinnt das schräge Travestie-Musical bald eine eingefleischte Fangemeinde, die den Film mit kreativen Einlagen begleitet. Der Kult-Klassiker läuft bis heute regelmäßig in einigen Kinos.

## 1976 APPLE 1

Im kalifornischen Los Altos gründen die Computer-Pioniere Steve Jobs, Steve Wozniak und Ronald Wayne die Garagenfirma Apple. Noch im selben Jahr bringen sie den ersten Apple-Computer auf den Markt. Damit kann die Ära des Heimcomputers beginnen.

# WAS IN DEINER JUGEND GESCHAH

## 1977 RAF

Am 7. April erschießen Mitglieder der Rote Armee Fraktion den Generalbundesanwalt Siegfried Buback in seinem Dienstwagen. Auch sein Fahrer und ein Polizist erliegen ihren schweren Verletzungen.

## 1978 DREIPÄPSTEJAHR

Nach dem Tod von Papst Paul VI. wird Johannes Paul I. am 26. August 1978 zu dessen Nachfolger gewählt. Er stirbt allerdings nach nur 33 Tagen im Amt. Neuer Papst wird nach ihm am 16. Oktober Johannes Paul II.

## 1979 EISERNE LADY

Margaret Thatcher wird die erste Premierministerin des Vereinigten Königreiches. Sie ist gleichzeitig die erste weibliche Regierungschefin in Europa.

## 1980 GRÜNE ALTERNATIVE

Am 13. Januar wächst die westdeutsche Parteienlandschaft mit der Gründung der Grünen durch verschiedene linke und ökologische Gruppen in Karlsruhe. Von den etablierten Parteien werden die Jungpolitiker lange belächelt.

## 1981 THREE, TWO, ONE – LIFT OFF!

In Florida startet mit der Raumfähre Columbia das erste Spaceshuttle ins All. Das wiederverwendbare Raumschiff leitet nach dem Ende der Mondflüge 1972 eine neue Ära der bemannten Raumfahrt ein. 2011 wird das Programm eingestellt.

## Was für ein Jahrgang

# Herzlichen Glückwunsch!

Was in den ersten beiden Jahrzehnten deines Lebens um dich herum geschehen ist, wurde auf den vorhergehenden Seiten lebendig. Doch wie ging es weiter? Erst deine persönlichen und ganz individuellen Erfahrungen und Erlebnisse prägen dein bisheriges Leben auf besondere Weise. Auf den folgenden Seiten ist deshalb noch ein bisschen freier Platz für persönliche Erinnerungen – Bilder, Anekdoten und Widmungen.

Bildnachweis
Cover: Coverfoto unten: action press/United Archives/Werner OTTO; Coverfoto oben: picture alliance/ullstein bild; Muster und Dekoelemente: Shutterstock.com
Innenteil: alle Fotos picture alliance; Hintergründe und Dekoelemente: Shutterstock.com


Ein Imprint der Verlagsgruppe Droemer Knaur GmbH & Co. KG, München
Gesamtgestaltung: Karin Etzold
Text und Bildauswahl: Markus Dolinsky und Anna Pezold, Neumann & Kamp Historische Projekte
Lektorat: Dr. Bettina Gratzki
Redaktion: Ellen Kuthe
Druck & Bindung: AZ Druck und Datentechnik GmbH, Kempten

ISBN 978-3-629-11621-5
www.pattloch.de
5 4 3 2 1

MIX
Papier aus verantwortungsvollen Quellen
FSC® C004229
FSC
www.fsc.org